A todos que conquistaram seus sonhos.

© 2006 do texto por Nereide S. Santa Rosa
© 2006 das ilustrações por Angelo Bonito
Callis Editora Ltda.
Todos os direitos reservados.
2ª edição, 2011

TEXTO ADEQUADO ÀS REGRAS DO NOVO ACORDO ORTOGRÁFICO DA LÍNGUA PORTUGUESA

Coordenação editorial: Miriam Gabbai
Revisão: Ricardo N. Barreiros
Escaneamento e tratamento das imagens: Márcio Uva
Diagramação: Carlos Magno

CIP-BRASIL. CATALOGAÇÃO-NA-FONTE
SINDICATO NACIONAL DOS EDITORES DE LIVROS, RJ

S222s
2.ed.

Santa Rosa, Nereide Schilaro, 1953-

    Santos-Dumont / Nereide S. Santa Rosa ; ilustrações de Angelo Bonito. - 2.ed. - São Paulo: Callis Ed., 2011.

    il. color. - (Crianças famosas)

    ISBN 978-85-7416-462-5

    1. Santos-Dumont, Alberto, 1873-1932 - Infância e juventude - Literatura infantojuvenil. 2. Inventores - Brasil - Biografia - Literatura infantojuvenil. 3. Aviadores - Brasil - Biografia - Literatura infantojuvenil. 4. Literatura infantojuvenil brasileira. I. Bonito, Angelo, 1962-. II. Título. III. Série.

09-5731.   CDD: 926.2913
                                                                                                        CDU: 929:629.7
03.11.09   12.11.09   016171

ISBN 978-85-7416-462-5

2020
Callis Editora Ltda.
Rua Oscar Freire, 379, 6º andar • 01426-001 • São Paulo • SP
Tel.: (11) 3068-5600 • Fax: (11) 3088-3133
www.callis.com.br • vendas@callis.com.br

Crianças Famosas

SANTOS-DUMONT

Nereide Schilaro Santa Rosa e Angelo Bonito

callis

Era o dia do aniversário de seu Henrique, mas dona Francisca, sua esposa, estava muito ocupada. Ela havia acabado de dar à luz Alberto, que já chorava anunciando sua chegada.

Esse foi o presente para seu Henrique.

Alberto nasceu em 20 de julho de 1873, em Cabangu, Minas Gerais.

Seu pai era engenheiro e tomava conta da construção de uma estrada de ferro. Por isso a família morava em um sítio, numa casa simples, bem arrumada e pintada de branco. Alberto era o sexto filho do casal.

Quando o trabalho de construção da estrada finalmente terminou, seu Henrique e a família foram morar no Rio de Janeiro. Pouco tempo depois, ele comprou uma linda fazenda de café em São Paulo e para lá se mudaram.

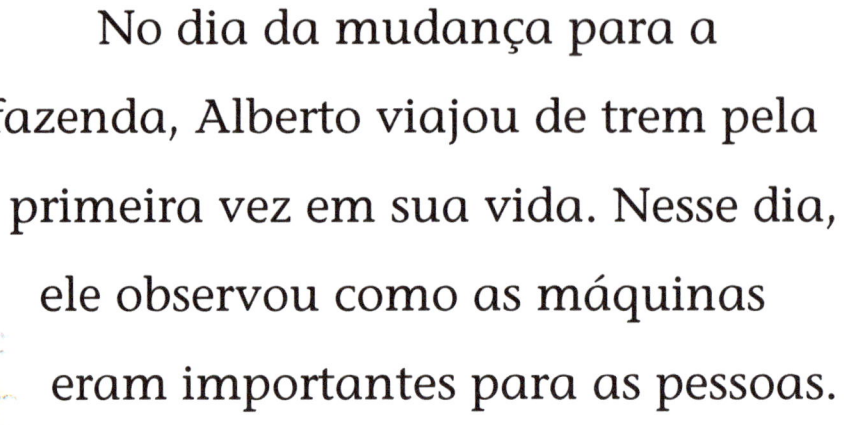

No dia da mudança para a fazenda, Alberto viajou de trem pela primeira vez em sua vida. Nesse dia, ele observou como as máquinas eram importantes para as pessoas. Quando tinha sete anos, Alberto brincava nas máquinas que eram usadas para transportar madeira pela fazenda. Certo dia, Alberto pediu tanto, que seu pai enfim permitiu que ele guiasse o locomóvel, como era chamada a máquina de vapor sobre rodas.

Alberto já gostava de sentir a velocidade e ver as engrenagens das máquinas em movimento. Além disso, sendo um garoto pequeno, ele subia no locomóvel e lá do alto espiava tudo ao seu redor.

A usina da fazenda era outro lugar que Alberto gostava de espiar. Olhava as máquinas que levavam os grãos do café para serem limpos, abertos e secos, e depois serem peneirados, descascados e separados por tamanho. Alberto observava com atenção todo o caminho dos grãos de café dentro da usina. E até ajudava a consertar as máquinas se acaso elas quebrassem!

Certa vez, para resolver um defeito nas peneiras, o pequeno Alberto concluiu que o problema era o movimento de vai e vem que elas faziam. Pensou que elas seriam mais eficientes se girassem como uma hélice. Nunca mais se esqueceu disso.

De tanto pensar nas máquinas e nas suas engrenagens, um dia Alberto resolveu construir seu primeiro invento-brinquedo: uma engrenagem movida a cata-vento.

Ele pegou um pedaço de papelão grosso e recortou duas rodas em forma de engrenagem. Encaixou uma na outra e prendeu-as em um pedaço de madeira. Em seguida, recortou um cata-vento de papel e o uniu a uma das rodas de papelão. Assoprou forte no cata-vento, fazendo-o girar, e assim fez com que as duas engrenagens se movimentassem.

Alberto era um menino sonhador. De vez em quando, no meio da tarde ensolarada, ficava deitado por horas na varanda da fazenda olhando os passarinhos, suas asas e os movimentos que elas faziam para voar.

Também adorava observar as nuvens flutuando pelo céu. Anos mais tarde, ele diria:

— Sentia-me apaixonado pelo espaço livre.

Alberto também costumava se divertir empinando as pipas que construía.

Analisava o peso do papel, o tamanho da linha e o formato da pipa em relação ao vento. Ele guardava suas descobertas com muito carinho.

Virgínia, uma das irmãs mais velhas de Alberto, resolveu ensinar-lhe a ler e a escrever. O menino aprendeu rápido e logo estava lendo os primeiros livros.

O seu autor preferido era Júlio Verne. Alberto adorava suas histórias. Ao ler os livros, ele imaginava as máquinas fantásticas, viajava com o Capitão Nemo e explorava o "mundo em oitenta dias".

Quando chegava o tempo das festas juninas, a fazenda ficava em festa. Muita animação, dança, pipoca e fogueira. Mas o que mais chamava a atenção de Alberto eram os pequenos balões de papel de seda. No dia de São João, Alberto construía dúzias deles, e ficava admirando como subiam ao céu com a ajuda do ar quente e logo desciam, para não queimar as florestas.

Alberto e seus amigos gostavam de sentar em torno da mesa da sala para brincar de passarinho voa. Um deles fazia várias perguntas de forma bem rápida e os outros tinham de levantar a mão e responder corretamente, senão pagariam uma prenda.

O seu amigo Pedro perguntava:

— Pombo voa?

E todos levantavam a mão e respondiam:

— Voa.

— Abelha voa?

— Voa.

— Cachorro voa?

E ninguém levantava a mão.

Mas quando Pedro perguntava de propósito para perturbá-lo:

— Homem voa?

Só Alberto levantava a mão e respondia:

— Voa.

E aí começava a discussão. Ele não aceitava pagar a prenda de jeito nenhum. Não se importava que seus amigos dessem risada dele. Pensava que, algum dia, eles entenderiam que o homem podia voar.

E era isso que importava para Alberto.

Quando a brincadeira acabava, Alberto saía pelo terreiro para encontrar pequenos pedaços de bambu. Trazia-os para casa e os cortava em pedaços menores. Depois procurava uma tira de borracha na despensa da casa, cortava um pedaço e a enrolava.

Prendia o pedaço de bambu na tira enrolada e o atirava para longe, tal como um estilingue.

Ele não queria ferir nenhum passarinho. O brinquedo servia para estudar o comportamento do objeto ao ser impulsionado.

A borracha funcionava como um propulsor para a pequena "aeronave de bambu".

Alberto analisava o seu peso, como melhorar o voo, e até o tamanho da tira de borracha. Ele se divertia construindo seu brinquedo várias vezes e modificando o que fosse necessário. Anos mais tarde, o bambu seria um dos materiais preferidos para construir seus aeroplanos.

Alberto adorava o movimento e a velocidade.

Um dia, sugeriu à irmã mais velha que lhe emprestasse uma de suas bonecas. Queria abrir a boneca e colocar uma engrenagem dentro dela para movimentar os braços e as pernas, para fazê-la andar. Não conseguiu convencer a irmã e lamentou ter de desistir da ideia.

No final da tarde, seu Henrique costumava ter longas conversas com o filho. Alberto aprendia muito com o pai, um homem inteligente e trabalhador. Conversavam sobre experiências feitas com balões na Europa. Seu pai dizia que voar em balões era muito perigoso.

Mas Alberto não desistia de sonhar, mesmo sabendo que para voar ele deveria ter segurança e cuidados conseguidos com estudo e pesquisa.

Alberto foi então estudar em um colégio em Campinas.

Durante as férias, sempre voltava para a sua fazenda e se divertia dirigindo a locomotiva da estrada de ferro que seu pai construiu dentro da fazenda.

Já tinha doze anos de idade e viajava como maquinista por mais de trinta quilômetros! Ficava pensando sobre a lentidão do trem, devida ao grande tamanho e ao peso da locomotiva. Pensava que deveria existir algo mais eficiente e mais fácil de manejar.

Alberto não tinha medo e era um rapaz arrojado, apesar de franzino e tímido.

Certa vez, passeava com as duas irmãs, ele ia a cavalo e as garotas em uma charrete.

De repente, o cavalo da charrete se assustou e saiu em disparada. As garotas gritaram pedindo ajuda. Alberto acompanhou a correria com o seu cavalo e alcançou as rédeas do animal fujão. Conseguiu brecar a charrete e salvar as irmãs.

Depois de Campinas, Alberto foi estudar em duas escolas na cidade de São Paulo. E foi nessa cidade, aos quinze anos de idade, que ele viu pela primeira vez um balão esférico levantar voo.

Era o seu grande sonho, bem ali na sua frente!

Alberto queria construir os seus próprios balões. E eles não seriam pequenos e feitos de papel de seda. Alberto sonhava construir balões enormes que pudessem ser dirigidos para onde o piloto quisesse.

Ele gostava de resolver os problemas e as situações difíceis. O desafio de descobrir soluções para os problemas fascinava-o.

Seu pai percebeu a sua capacidade e o mandou estudar Mecânica em Paris, pagando seus estudos e sua moradia. A partir daí, Alberto Santos-Dumont não parou mais de estudar e de construir seus sonhos.

Alberto Santos-Dumont inventou o menor balão do mundo, batizado de *Brasil*.

Inventou o balão dirigível.

Construiu o primeiro avião que conseguiu levantar voo por conta própria, o 14-Bis.

Descobriu e usou pela primeira vez os ailerons ("lemes") no aeroplano.

Inventou o relógio de pulso.

Construiu o primeiro hangar para guardar aeronaves.

Inventou um motor para ajudar esquiadores e também um arpão salva-vidas.

Inventou a asa-delta e a hélice.

Construiu o *Demoiselle*, um pequeno e prático aeroplano.

www.ingramcontent.com/pod-product-compliance
Ingram Content Group UK Ltd.
Pitfield, Milton Keynes, MK11 3LW, UK
UKHW060216240426
12048UKWH00030BB/1681